Guía introductoria de inversiones

Alfonso García

Primera edición: Febrero de 2014

Índice

Introducción

La imagen que acompaña a este capítulo fue publicada bajo licencia creative commons en Flickr por el usuario *Eugen Anghel (eugen_anghel)*

Esta guía tiene como objetivo mostrarte y darte a conocer un conjunto de activos en los que podrás invertir para hacer crecer tu dinero.

Los activos son importantes porque son una opción para hacer crecer su dinero. Hacer crecer su dinero es importante, no por el hecho de ganar más dinero, sino para evitar que su dinero no se devalue.

Cada año que la inflación es positiva, es decir que los precios han subido en media, implica que usted con su dinero podrá comprar menos cosas que antes porque son más caras, es decir, pierde capacidad adquisitiva.

Así que una buena estrategia para evitar esa devaluación es conocer diferentes activos o tipos de inversiones en los que pueda depositar su dinero y evitar que se devalue.

De activos hay de muchos tipos, todos diferentes y algunos tendrán más riesgos y otros menos. Algunos serán más difíciles de adquirir y otros con un simple click los puede adquirir.

Por eso cada capítulo de este libro va destinado a un activo distinto, y en él se describe el mismo, se explica cuál es su mecanismo de uso, cuáles son sus riesgos y sus ventajas, y a qué tipo de inversor podría interesarle más.

Recordamos que se trata de un libro introductorio, y la misión del libro es dar a conocer diferentes opciones de inversión a futuros inversores.

Eso significa que, en caso de interesarle un activo, le recomendamos que haga un estudio más exhaustivo sobre éste y sobre las diferentes opciones de inversión que ofrece.

Nosotros apostamos por tener una visión amplia sobre qué opciones de inversión existen, de esa manera es más fácil seleccionar aquellas inversiones que más se ajustan a mis necesidades como inversor.

Dicho eso, te animamos a continuar leyendo el resto del libro y esperamos que este libro le sea de gran utilidad y disfrute de la lectura.

Cómo invertir en bolsa

La imagen que acompaña a este capítulo fue publicada bajo licencia creative commons en Flickr por el usuario *Zé Caros Barreta (zebarretta_stock)*

Para invertir en bolsa correctamente, primero es necesario saber qué es exactamente. La bolsa de valores es una organización privada. El objetivo de la organización es facilitar la negociación y la compraventa de valores. Algunos ejemplos de valores son las acciones de empresas, certificados, obligaciones, bonos, etc.

En la bolsa hay un mercado primario y un mercado secundario. El mercado primario es el utilizado por empresas o entidades para emitir nuevas acciones, bonos, etc. La emisión de estos valores es usada por las empresas o entidades para conseguir financiación.

El mercado secundario, es el mercado dónde se negocia con los valores emitidos. Si se compra una nueva acción de una empresa en el mercado primario, luego se puede vender en el mercado secundario. El mercado secundario es el que suele ser usado para invertir en bolsa.

Para poder invertir en bolsa, necesitamos hacerlo a través de un broker. Un broker suele ser una persona o una empresa que hace de intermediario entre la bolsa y el inversor. El broker gana dinero gracias a las comisiones cobradas por operación. Todos los bancos disponen de servicio de compraventa de acciones.

A continuación veamos qué opciones hay para invertir en bolsa.

Invertir en el mercado primario

Recordemos que el mercado primario es aquél en el que se emiten nuevos valores. Esas emisiones son lanzadas por las entidades para conseguir financiación.

En general, este tipo de compra de valores va dirigido a inversores que juegan a largo plazo. El riesgo de invertir en bolsa usando el mercado primario, viene determinado por la eentidad a la que se invierte. El motivo por el que busca financiación, su historial, el estado del sector, entre otros factores. Pero en general, dado que invertir a largo plazo se considera una inversión de riesgo bajo, podemos considerar que se trata de inversiones de riesgo bajo.

Hay dos tipos de oferta de nuevos valores, la colocación directa y la indirecta.

Colocación directa

La venta directa de valores significa que la venta se hace sin intermediarios. Se realiza una oferta de valores. La oferta puede ser pública o privada, si es pública cualquier persona puede comprar nuevos valores. Si es privada, solo las entidades que tienen permiso de compra.

En el caso de venta directa con oferta privada suele ir dirigido a grandes entidades que harán grandes inversiones. De esta manera se ahorra dinero en publicidad y se gana flexibilidad en la negociación.

Colocación indirecta

La venta de valores de forma indirecta implica a intermediarios y bancos de inversión. De esta manera, para invertir en bolsa, en el mercado primario, es obligatorio pasar por intermediarios. Pasar por intermediarios implica pagarles una comisión.

Invertir en el mercado secundario

El mercado secundario es un mercado en el que diariamente se compran y venden valores emitidos. Se podría considerar como un mercado de reventa. Todos los bancos y brokers permiten operar en el mercado secundario y ofrecen ese servicio.

Las ventajas respecto al mercado primario, es que siempre hay disponibilidad de títulos para comprar y vender. El precio varia en minutos y por tanto puedes esperar a que el precio del valor sea interesante.

Al variar el precio al minuto, surge la opción de invertir en bolsa usando el mercado secundario especulando con el precio de los valores. Es muy recomendable que, para invertir especulando con el precio, aprendas análisis técnico.

También se puede usar el mercado secundario para conseguir títulos de empresas e ir a una estrategia a largo plazo. Es una estrategia muy similar a la usada en el mercado primario.

En general, y dependiendo de la empresa a la que se invierte. La inversión en bolsa usando el mercado secundario a largo plazo supone una inversión de riesgo bajo. Pero especulando con el precio, implica un riesgo mayor porque los precios tienden a ser poco estables en el tiempo y no se pueden predecir las variaciones.

Cómo invertir en acciones

La imagen que acompaña a este capítulo fue publicada bajo licencia creative commons en Flickr por el usuario *H. Michael Miley (mike_miley)*

Invertir en acciones es quizás la forma más común de inversión de cara a los inversores más pequeños. Eso no significa que todo el mundo sepa qué es una acción y qué significa invertir en acciones.

Las acciones son títulos emitidos por las empresas. Representa una de las fracciones iguales que componen su capital. Las acciones otorgan derechos a los propietarios. Están los derechos políticos, que te permiten votar en las juntas de accionistas. Y derechos económicos, tienen el derecho a recibir plusvalía si la entidad decidió repartir.

Las acciones tienen un valor, y la suma del valor de todas las acciones indican el valor de mercado de la empresa. Las acciones tienen dos tipos de valores, el valor nominal y el valor de mercado. El valor nominal es aquel que se obtiene al dividir el capital social (bienes a nombre de la entidad) entre el número de acciones. El valor de mercado es el valor que se paga en el mercado por las acciones. Tener en cuenta que el valor que sale en las cotizaciones bursátiles es el valor de mercado, y es el que se suele usar para invertir en acciones.

Una vez explicado qué es una acción, debemos saber qué formas hay para invertir en acciones. Para eso hay que tener presente que no todas las empresas cotizan en bolsa. Para cotizar en bolsa, una empresa debe cumplir una serie de condiciones bastante estrictas. Condiciones de liquilidad, transparencia de cuentas, entre otras varias.

A las empresas les interesa cotizar en bolsa, porque les es más fácil poner a la venta, y vender, acciones nuevas. Les es más fácil venderlas por la facilidad de invertir en bolsa ya que es un mercado centralizado con empresas de calidad. Las acciones nuevas son emitidas por las entidades como fuente de financiación, y son ampliaciones de capital.

Para invertir en acciones tenemos varios instrumentos financieros que nos permiten ajustar el riesgo que estamos dispuestos a asumir. También nos permiten apalancar las ganancias y/o pérdidas. Algunos de esos instrumentos son CFDs, Warrants, contratos de futuros etc.La mayoría de estos productos son ofrecidos por cualquier banco, y ofrecidos por todos los brokers profesionales. Recordad que un Broker es un agente autorizado a realizar operaciones en la bolsa y que ellos ganan dinero por las comisiones que les cobran a los clientes por realizar estas operaciones.

En general, invertir en bolsa a largo plazo suele dar rendimientos positivos. Eso es porque se suelen cobrar plusvalías al año y porque las empresas que cotizan en bolsa suelen ser empresas sólidas, que a la larga tienden a crecer, por tanto el riesgo de inversión es bajo.

Invertir en acciones a medio y corto plazo resulta más arriesgado. Pues no solo se ve afectado el precio por la oferta y la demanda, sino que también viene afectado por noticias fundamentales de la empresa y del entorno.

Una vez sabemos esto, podemos pasar a ver qué opciones tenemos para invertir en bolsa.

Análisis fundamental

El análisis fundamental tiene por objetivo analizar datos relacionados con la entidad para estimar su valor real o fundamental. Eso se hace para determinar si el precio esta sobrevalorado o infravalorado.

El precio real de la acción se intenta estimar a partir del analisis e interpretación de todos los factores que pueden alterar el precio éstas. A grandes rasgos hay tres tipos de factores:

Análisis económico

En el análisis económico intenta contextualizar el estado de la economía global. Como es bien sabido, el contexto económico global siempre afecta a las empresas y por eso es importante antes de invertir en acciones. Ciclos económicos, previsiones futuras y la situación geopolítica en la cual opera la empresa son algunos de los factores que se tienen en cuenta.

Análisis del sector industrial

Además del contexto de la economía global, es importante analizar cómo está el sector industrial al que pertenece la sociedad. Es importante porque no todos los sectores se comportan igual ante distintos contextos económicos globales.

Un ejemplo sería una empresa de alimentos baratos. Ante un contexto de crisis, ese sector es posible que crezca, ya que hay más necesidad de obtener alimentos baratos.

Análisis de la compañía

Por último, es esencial conocer el estado de la empresa antes de invertir en acciones de ésta. En este análisis entra la valoración general no financiera. Factores como el análisis DAFO, accionariado, clientes, etc.

Por último se mira la información financiera de la empresa, tales como ratios de balance, de rentabilidad y bursátiles. Aconsejamos leer algún libro especializado en estos términos para tenerlo más claro.

Análisis técnico

El análisis técnico, en contra a lo que comúnmente se piensa, no sirve para predecir el comportamiento del precio de las acciones. El análisis técnico sirve para detectar una serie de patrones, y hacer movimientos en base a esos patrones identificados, porque con alta probabilidad el precio reacciona de cierta manera cuando se forman esos patrones.

Básicamente se fundamenta en el análisis del precio de las acciones, el volumen de compraventa y una serie de indicadores como resistencias, tendencias, medias, y otros. Hay mucha literatura sobre esto y se recomienda leerla.

En el análisis técnico tenemos dos grandes tipos de analistas. Cada uno se basa en distintos aspectos para invertir en acciones.

Análisis charsista

Los charsistas son aquellos analistas que se basan exclusivamente en la información revelada en los gráficos. Parte de esa información son la identificación de soportes y resistencias, canales y figuras técnicas.

Algunas de las figuras técnicas más conocidas son el hombro cabeza hombro, martillo, vela invertida, doble techo, etc.

El análisis técnico estricto se basa en actuar en base al comportamiento de una serie de indicadores. Según se cumplen ciertas condiciones se identifican ventanas de oportunidad para invertir, y cuando muchas se cumplen, significa que es un buen momento para invertir en acciones.

Algunos de esos indicadores pueden ser las medias móviles, los estocásticos, osciladores y muchos otros.

Cómo invertir en bonos

La imagen que acompaña este capítulo fue publicada en Wikimedia. Según informan es originaria del libro Obsolote American Securities and Corporations en 1911 y según indica Wikimedia, hoy día se trata de información de dominio público.

Antes de invertir en bonos, vamos a explicar qué son. Un bono es un intrumento de renta fija. Los instrumentos de renta fija son aquellos que antes de comprarlos ya se conoce la rentabilidad exacta que dará.

Los bonos suelen ser emitidos por entidades públicas y privadas que necesitan financiación. En la mayoría de los casos esa financiación va destinada a hacer nuevas inversiones, renovar las existentes, etc.

Los bonos tienen distintas rentabilidades, y para invertir en bonos es necesario saber qué determina esa rentabilidad. La rentabilidad es menor cuanto mayor sea la probabilidad de que el emisor del bono devuelva el dinero. Es decir, menor solidez implica mayor rentabilidad. Los bonos emitidos por entidades con gran probabilidad de impagos son llamados bonos basura.

La calificación de los bonos suele estar determinada por agencias de calificación de créditos. Las agencias de calificación de créditos son empresas que a cuenta de un cliente, empresa, gobiernos, etc, califican activos. Las calificaciones suelen ir de C (la peor), a AAA (la mejor). Estas calificaciones son necesarias para poder invertir en bonos de forma correcta.

Los bonos pueden ser adquiridos cuando son emitidos por las entidades, o bien en el mercado secundario de deuda. En los dos casos se necesita realizar la operación mediante un agente autorizado de ventas o bien mediante un banco.

Invertir en bonos mediante el mercado secundario de deuda

Como se comentaba anteriormente, para invertir en bonos que están cotizando en el mercado secundario de deuda, se debe realizar mediante un intermediario. El intermediario puede ser un banco o un agente autorizado de ventas.

Además, últimamente están saliendo varias plataformas online, que facilitan esta operación. Hacen de intermediarios online. Son organizaciones reconocidas por los organismos reguladores del mercado, en el caso de españa la CNMV, que pueden realizar operaciones de compra venta en el mercado de deuda.

Invertir en bonos mediante fondos

Otra forma de invertir en bonos es mediante el uso de fondos de inversión de renta fija. Esta modalidad es cómoda porque nos permite invertir en varios tipos de bonos distintos con pequeñas cantidades.

La ventaja en este caso es clara, el riesgo se minimiza por la diversificación, pero la rentabilidad se mantiene. Es por ello que, para cantidades que no son muy grandes, es quizás la mejor

opción de inversión en renta fija.

Cómo invertir en fondos de inversión

La imagen que acompaña a este capítulo fue publicada bajo licencia creative commons en Flickr por el usuario *Jose Mesa (liferfe)*

Antes de invertir en fondos de inversión, debemos saber qué es un fondo de inversión. Un fondo de inversión es una agrupación de capital aportado por personas, y que es invertido por una sociedad administradora. Esa sociedad invierte ese capital para sacarle un rendimiento. La sociedad debe estar reconocida y autorizada por los órganos competentes, en el caso de España, la CNMV. Suelen ser instituciones financieras o bancos.

La custodia de los activos adquiridos por el fondo, corre cargo de la entidad gestora. Esa entidad es responsable de la custodia del patrimonio del fondo, tanto en forma de capital como de activos.

Un fondo de inversión puede ser administrado y gestionado por una misma sociedad. Pero es importante entender que una sociedad gestora y administradora no es lo mismo.

Antes de invertir en fondos de inversión es necesario saber dónde recae el riesgo. El riesgo que comporta invertir en fondos de inversión es compartido por todos los participantes.

El precio de las participaciones del fondo se calcula de forma sencilla. Se obtiene dividiendo el valor del patrimonio, entre el número de participaciones.

Para invertir en fondos de inversiones puedes hacerlo mediante una entidad financiera. Muchas entidades financieras te permiten contratarlo vía online o desde las oficinas. Estas entidades te ofrecen un amplio abanico de fondos, en función del riesgo y de los activos invertidos.

Tipos de fondos de inversión

Para cuaquiera que quiera invertir en fondos de inversión, le interesa saber qué tipos de fondos hay.

Fondos monetarios

Se caracteriza por invertir en activos del mercado monetario. Activos de mercado monetario son pagarés, letras, etc. El fondo, en este caso, se beneficia de las variaciones al alza de los tipos de interés. Al invertir en esos activos, se considera que el riesgo de inversión es bajo. Estos fondos tienen inversiones a corto, medio y largo plazo. Invertir en fondos de inversión monetarios sería como invertir en deuda, pagarés, etc.

Fondos de renta fija

Son fondos que evitan invertir en activos de renta variable. Se invierte el capital en activos que van a dar un rendimiento seguro. Algunos ejemplos serían inversiones hechas en deuda de patrimonio público o privado. Se invierte como mínimo a medio plazo.

Fondos de renta variable

Invertir en fondos de inversión de renta variable significa invertir en activos de renta variable. Como característica, tienen una exposición mínima del 75% en renta variable. Por renta variable entendemos todo aquello cuya rentabilidad puede variar, por ejemplo, el precio de una acción. Debido a la exposición a la renta variable, se considera una inversión de riesgo medio.

Fondos mixtos

Invertir en un fondo mixto, significa destinar parte del capital a renta fija y otra parte a renta variable. Hay dos tipos de fondos mixtos. Los fondos de renta fija mixta, donde menos del 30% del capital se destina a renta variable. Fondos de renta variable mixtos, donde la exposicion a la renta variable es inferior al 75% y mayor del 30%. Es evidente que a mayor exposición a la renta variable, mayor riesgo.

Fondos de gestión pasiva

Son fondos que invierten el capital en acciones de un índice en concreto, intentando emularlo. De esa manera, invertir en un fondo de inversión de gestión pasiva, es similar a la inversión en un índice. La gran ventaja de este fondo, es que aseguran una amplia diversificación del capital.

Como todo el capital se invierte en valores de un mercado, su exposición a la renta variable es total. Eso significa que es recomendable invertir en un fondo de inversión de gestión pasiva que tenga el capital en un índice alcista.

Fondos total o parcialmente garantizados

Son fondos que aseguran el retorno del capital invertido o parte de éste en una fecha determinada. El fondo tiene una cotización, como cualquier otro fondo. Esa cotización no afecta a la fecha de vencimiento si el valor es inferior. Si el valor es superior, afecta positivamente.

Ventajas

Por último te recomendamos que veas las ventajas que tiene invertir en fondos de inversión:

- No son necesarias grandes cantidades de dinero para realizar una inversión.

- Es fácil operar con fondos de inversión.

- Son instrumentos que están muy regulados.

- Están gestionados de forma profesional y por profesionales.

- El riesgo viene determinado por el fondo que se elija.

Cómo invertir en franquicias

Es necesario conocer el activo antes de inverti en él, por eso vamos a explicar en qué consiste invertir en franquicias antes de explicar cómo invertir.

Una franquicia es un contrato que una empresa (franquiciador) cede a otra (franquiciado) el derecho a la explotación de un conjunto de derechos. Derechos como el derecho a la explotación de propiedad intelectual, marca, productos, nombres comerciales, etc.

Por parte del franquiciador implica la obligación de prestar asistenia comercial y técnica, así como el control del stock y formación relacionada con el negocio, mientras el contrato sea vigente. El objetivo de este es conseguir una red de distribuidores globales de sus productos y su marca. De cara a la empresa, el riesgo de distribución se minimiza.

Por parte del franquiciado tiene por obligación pagar un canon de entrada y normalmente hay una clausula de exclusividad de venta de producto. El objetivo de este es emprender un negocio usando una marca, un producto contrastados y usar un know how ya en uso. Visto desde este punto de vista el riesgo se minimiza aunque la inversión inicial es importante.

Sabiendo esto, para invertir en franquicias, hay que saber cómo adquirir una. Normalmente en las empresas que ofrecen franquicias facilitan alguna forma de contacto (teléfono, mail, etc) para ampliar la información de cómo se adquiere una exactamente. Otra forma es ir a ferias de franquicias donde se exponen marcas y se busca facilitar este trámite.

Con todo esto, vamos a ver algunos aspectos a tener en cuenta antes de invertir en franquicias.

Costes y cánones

Este punto es muy importante, pues antes de realizar cualquier tipo de inversión es necesario saber qué costes añadidos hay. En el caso de invertir en franquicias hay un conjunto de costes comunes:

- **Canon de entrada:** Es el capital que debe abonar el franquiciado al franquiciador para poder iniciar la actividad comercial. Este capital inicial es requerido por el franquiciador para cubrir las inversiones iniciales y como compensación del uso de su marca comercial.

- **Canon de mantenimiento:** Es un pago que debe realizar el franquiciado al franquiciador de forma periódica. Es la principal fuente de ingresos del franquiciador. Sin embargo hay franquicias que están orientadas a la distribución donde no se aplica, ya que el franquiciador gana dinero por el abastecimiento de sus productos a las franquicias.

- **Canon de publicidad:** También conocido como fondo de márqueting. Es un fondo común y global que se crea entre todas las franquicias. Este fondo es usado para realizar campañas publicitarisas, y no debería ser una fuente de ingresos para el franquiciador.

- **Inversiones iniciales necesarias:** Estos son las inversiones que no entran en los puntos anteriores, tales como licencias municipales, proyectos de obra y costes por la obtención de permisos.

Otros datos a tener en cuenta

Antes de invertir en franquicias, es importante que tenga claro qué tipo de negocios le parece atractivo. Una inversión en franquicias es a largo plazo, durante un tiempo estará dedicando tiempo y esfuerzo a ésta y si no le es atractiva puede ser difícil lidiar con esa rutina.

Es importante analizar el franquiciador. Ver el número de franquicias que tiene, número de cierre y duración de cada franquicia. El ciclo de vida del producto y la satisfacción de los actuales franquiciados.

Otro factor a tener que investigar es el sector en el que opera la franquicia. Es importante que sea un sector que ofrezca un volumen de negocio aceptable.

Y por último, se recomienda que para invertir en franquicias se cuente con soporte de asesoramiento profesional. Hay muchas consultorías especializadas en franquicias, y sería recomendable contar con sus servicios y su experiencia para asegurar el éxito de la inversión.

Cómo invertir en oro

La imagen que acompaña a este capítulo fue publicada bajo licencia creative commons en Flickr por el usuario *Investing in Gold (investingingold)*

Para comprender cómo invertir en oro, debemos ponernos en contexto sobre este activo. El oro es un metal escaso, maleable y que no es alterado por el clima. Por eso el oro es considerado como un vehículo de representación de riqueza. Eso le otorga un papel importante en las economías, siendo considerado por muchos inversionistas durante mucho tiempo como un valor refugio.

El valor del oro durante la historia se ha mantenido bastante estable. Aunque en momentos puntuales ha podido tener variaciones importantes, por siglos el precio se ha mantenido. Por eso se considera una inversión de riesgo bajo.

Se puede invertir en oro a largo plazo, pensando en el ahorro, o a corto plazo, pensando en especular.

Ahorrando con oro

El oro puede ser utilizado como una inversión de ahorro. Aunque sea un tipo de inversión que no ofrece ningún tipo de retribución al año (intereses o plusvalías). Esto es porque durante los años ha mantenido un precio estable con tendencia al alza. Además, durante la historia, en momentos de crisis, el oro ha sido destino de mucho capital. Grandes fortunas lo han usado para evitar perder parte de ella.

Dos formas de inversión en oro, buscando el largo plazo son:

Invertir en oro físico comprándolo en tiendas físicas u online. Usted dispondrá del oro en forma física y será el encargado de guardarlo. Existen empresas y bancos que te permiten guardar ese oro en sus cajas cobrando por ello cierta cantidad.

Otra opción es ir a algún banco (generalmente banco grande) que opere con oro y comprar certificados de oro. Se trata de un documento que acredita que usted posee cierta cantidad de oro. Eso significa que para invertir en oro, es quizás la opción más cómoda pues no tienes que preocuparse por guardarlo.

Especulando con oro

Para especular con el oro hay que centrarse en el análisis técnico. Para ello se puede invertir en oro usando instrumentos financieros. En general éstos, nos permiten apalancar las ganancias o pérdidas de la inversión.

De esa manera el oro deja de ser una inversión de riesgo bajo, y pasa aser una inversión de riesgo medio. Aunque las variaciones no sean muy grandes, al invertir apalancado, pequeñas variaciones causan grandes efectos.

Dos de los instrumentos más comunes para invertir en oro apalancando son warrants y contratos de futuros

Estos instrumentos se pueden hacer a través de un broker o por medio de un banco normal. Según el banco, podrás hacer la operación online, o bien deberás contactar con algún empleado para que te asesore.

Cómo invertir en plata

La imagen que acompaña a este capítulo fue publicada bajo licencia creative commons en Flickr por el usuario *sirqitous (sirqitous)*

Antes de leer cómo invertir en plata, es interesante ponerse en contexto. La plata es un metal escaso, dúctil y muy maleable. Es el metal con mejor conductividad eléctrica y mejor índice de reflexión. Por esas características, cada vez está siendo más usado en aparatos electrónicos, y en industrias como la química, fotografía y médica.

A lo largo de la historia, la plata ha guardado una fuerte relación de precio con el oro. Esta relación se sitúa en el rango de 10 a 15 menos valor que el oro. Aunque en la actualidad ese rango pueda variar, la historia nos dice que tiende a mantenerse. Por eso, invertir en plata resulta una inversión de bajo riesgo.

Además al tener un precio menor, invertir en plata resulta más accesible para pequeños inversores. Principalmente hay dos formas de invertir en plata, a largo plazo, buscando el ahorro, o a corto plazo buscando especular con el precio.

Ahorrando con la plata

Invertir en plata a largo plazo es una buena opción. El uso de la plata en distintas industrias cada vez es mayor. Además, esas industrias también están en crecimiento. Esto indica que a largo plazo, invertir en plata es una buena inversión de riesgo bajo.

En esta web contemplamos dos formas de invertir en plata a largo plazo.

Está la opción de comprar plata física en tiendas onlines o físicas especializadas. La plata se puede comprar en formato de lingotes y en formato de monedas. En los dos casos, invertir en plata física tiene el problema añadido de encontrar la forma de guardar en algún lugar seguro el metal.

La otra opción que se contempla es adquirir certificados de compra de plata. Estos certificados son emitidos por instituciones financieras o bancos. Se trata de una cuenta que se abre en un banco, en ella figura la cantidad de plata que se tiene. El banco cobra una comisión de custodia por guardar esa plata.

Como conclusión, diremos que invertir en plata física es una buena opción para cantidades pequeñas. Para cantidades mayores, es recomendable invertir en plata comprando certificados de plata.

Especulando con plata

Para invertir en plata a corto plazo es obligatorio basarse en análisis técnico. Hay mucha teoría sobre ello y se recomienda estudiarla. En general, al invertir a corto plazo, se suele invertir apalancado para maximizar los beneficios a partir de pequeñas variaciones.

Jugar apalancado implica hacer inversiones de mayor riesgo, porque a variaciones menores, el impacto es mayor. Al ser un activo con buenas expectativas de futuro, es un activo propenso a sufrir el efecto burbuja a medio plazo.

Hay diferentes instrumentos que permiten operar apalancado y a corto plazo. Hablamos de warrants y contratos de futuro. Para invertir en plata a corto plazo, deberías estudiar con mayor profundidad cuál de esos instrumentos se ajustan mejor a tus necesidades.

Puedes hacer uso de esos instrumentos a través de las plataformas web de algunos bancos, o bien contactando con algún empleado de tu banco para que te ejecute tus operaciones. En cualquier caso, se recomienda desde esta web, estudiar bien esos instrumentos y el uso del análisis técnico, antes de ponerlo en práctica.

Cómo invertir en viviendas

La imagen que acompaña a este capítulo fue publicada bajo licencia creative commons en Flickr por el usuario *Juan Jaén (juanjaen)*

Cuando hablamos de invertir en vivienda estamos haciendo referencia a invertir en inmuebles construidos para que vivan las personas. En este grupo entran casas, pisos, apartamentos y sus variaciones. Luego encontramos diferentes tipos de viviendas: obra nueva, segunda mano y protección oficial. La peor para invertir en vivienda es la de protección oficial, pues son muy retrictivos.

Explicamos los pasos para invertir en una vivienda. Tienes dos opciones básicamente, puedes hacer una compraventa o comprar una vivienda para ponerla en alquiler.

En el primer caso, el riesgo es grande, no tanto por la variación de precios o por posibles burbujas, sino porque resulta una inversión importante de dinero, demasiado capital en un único activo. Y también hay que tener en cuenta que son inversiones a largo plazo y hay muchos factores que pueden afectar al valor del inmueble.

En el segundo caso, invertir en vivienda para ponerla en alquiler, supone un riesgo algo menor, pero sigue siendo alto. Sigue siendo una inversión muy grande, los inquilinos pueden retrasar pagos con facilidad, pueden hacer daños en el inmueble y muchos otros factores difíciles de controlar. Por otra parte, posees el activo y podría revalorizarse en un futuro y habrías ganado una rentabilidad anual más el beneficio de la operación de compraventa.

Dicho esto, vamos a analizar las diferentes acciones disponibles:

Comprando una vivienda

Para invertir en vivienda primero hay que saber cómo comprar una. Para comprar una vivienda puedes hacer uso de agentes inmobiliarios o moverte por tu cuenta.

Los agentes inmobiliarios se encargarán de buscar inmuebles que se ajusten a tus criterios de búsqueda, de realizar las gestiones en transacciones, asesoramiento y mediación entre el comprador y el vendedor. En la compraventa de viviendas, no es obligatorio usar un agente inmobiliario.

Invertir en vivienda por tu cuenta puede ser un poco más trabajoso, pero puede salir más rentable si se tiene paciencia y se busca bien.

En cualquiera de los dos casos es importante tener varias cosas en cuenta:

Aconsejamos revisar los siguientes documentos para tener una compra sin imprevistos. Es importante para no tener problemas con servicios, impuestos y pagos no contemplados:

- Título de la propiedad del inmueble. Este documento explica quién es el propietario legal de la vivienda.

- Es importante que el propietario tenga el último recibo del pago del impuesto IBI.

- Certificado de comunidad de propietarios. Este certificado acredita que el propietario está al corriente de los pagos de la comunidad. También vale la pena tener en cuenta el coste de los pagos de la comunidad.

- Titularidad, estado de cargas y gravámenes de la vivienda en el registro de la propiedad.

- Últimos recibos de los servicios, tipo agua, luz, gas, etc. Al corriente de pagos.

- Y tener pasada la ITE, la Inspección Técnica del Edificio pasada.

Contrato de compraventa

Se trata de un documento que describe la vivienda, el precio de venta y obliga al comprador a comprarla y al vendedor venderla. Normalmente, cuando se compra una vivienda se pide una paga y señal.

La paga y señal o arras confirmatorias, es la cantidad de dinero que se da para confirmar la operación. Si alguna de las partes se echa atrás, se debe pagar una indemnización por el incumplimiento del contrato, que en muchos casos, en el caso del comprador es la paga y señal. Esto se certifica con el contrato de arras.

Gastos por compraventa

Por último, para invertir en vivienda es interesante conocer los gastos que tendrá la operación. Listamos los gastos principales que podrías tener:

- **Honorarios del notario**: Es necesario para certificar todos los papeles y la inscripción en el registro de la propiedad. Por ley estos honorarios los debe pagar el vendedor, pero lo normal es que vaya a cargo del comprador, previamente pactado.

- **Honorarios por inscripción en el registro**: Honorarios al registrador que comprueba la legalidad de los documentos y los inscribe en el registro.

- **Gastos por gestoría**: Es quien se encarga de realizar los trámites de verificación y registro en los plazos correspondientes de los documentos.

- **Gastos por tasación**: Por ley se debe tasar el inmueble. La tasación consiste en la valoración del precio real de éste. Las tasaciones son realizadas por entidades tasadoras registradas en el Banco Central.

- **Impuesto por compra de vivienda nueva**: Por una parte tienes que pagar el IVA del inmueble, y por otra parte tienes que pagar IAJD o Impuesto sobre Actos Jurídicos Documentados.

Vendiendo una vivienda

La venta forma parte de la acción de invertir en vivienda. Como en la compra, al vender debes de tener en cuenta varias cosas. En realidad casi las mismas que a la hora de comprar, así que no profundizaremos demasiado.

- Repasar que todos los documentos están al día.

- Estimar los gastos de la gestión de la venta. (comisión de venta, notariado, impuestos de registro).

- Preparar la vivienda para ser vendida (limpieza, reformas, etc) para que sea más fácil vender.

Vivienda en alquiler

Poner una vivienda en alquiler es otra alternativa para invertir en vivienda. En general se están consiguiendo unas rentabilidades superiores al 4%, lo que es más que cualquier depósito. Es una estrategia más conservadora, pues se puede retener el inmueble sin vender mientras se obtiene una rentabilidad, hasta que se encuentra el momento adecuado en un contexto globa y a largo plazo

Para poner un piso en alquiler lo puedes hacer mediante una agencia inmobiliaria, quienes se encargarán de publicitarlo, de la gestión de los documentos y de encontrar a posibles inquilinos. La otra opción es que lo haga el propietario, hay varios servicios en internet que te permiten publicitar y encontrar posibles inquilinos con gran facilidad.

En los dos casos, lo más importante es el contrato del alquiler. En este contrato se especifica quién alquila, qué alquila, el coste del alquiler y la duración del contrato. También se especifica cuánto es la fianza, qué sucede si el casero vende la vivienda, si la necesita para familiares, y quién paga la comunidad y el IBI.

Cómo invertir en terrenos

La imagen que acompaña a este capítulo fue publicada bajo licencia creative commons en Flickr por el usuario *Gobierno Municipal de Piñas (municipiopinas)*

Invertir en terrenos es una acción muy genérica. Antes de realizar una inversión en terreno debes tener varios factores en cuenta. Factores como el tipo de terreno a comprar, el uso que le querrás dar y cuál es el plazo de tu inversión.

Los terrenos se clasifican en tres tipos, y se clasifican según el uso que se le vaya a dar. Están los terrenos urbanos, los urbanizables y los no urbanizables.

Suelos urbanos

Son suelos ubicados en la malla urbana y que está edificado/urbanizado o que será edificado/urbanizado en un término breve de tiempo.

El tipo de edificaciones que se pueden construir en este tipo de suelo son edificios habitables como pisos, casas, y edificios industriales.

Si tu objetivo es realizar una inversión en un terreno para realizar una construcción urbana, este es quizás el mejor caso. El terreno está en la propia red urbana y lo normal es tener acceso a los servicios como electricidad, agua, gas, etc.

La contra es que un terreno urbano, suele tener un precio más elevado que el resto de tipos de terrenos. Es por ello que, al realizar una inversión en este tipo de suelos, hay que estudiar para qué hacer la inversión. Puede ser con miras especulativas, el entorno urbano está en una fase alcista del mercado e interesa comprar una propiedad.

O bien, tienes interés de construír un complejo para explotarlo económicamente, lo que implica unos plazos bastante mayores, un riesgo más elevado y una mayor cantidad de capital.

Suelos no urbanizables

Son suelos en los que no se está permitido urbanizar. Hay dos tipos los protegidos y el genérico.

El **suelo protegido** tiene por misión proteger a la flora y la fauna. Desde el punto de vista de un inversor económico no parece una inversión muy atractiva. Posiblemente explotación turística de la zona y alguna otra alternativa de negocio que respete el entorno y no requiera de edificaciones.

Y el **suelo genérico** o **suelo rústico**, el cual se le puede dar un uso agrícola, ganadero y de extracción, como minas. Como puedes ver, invertir en terrenos genéricos o rústicos implica pensar al largo plazo. Suelen necesitar de una inversión importante de capital y un conocimiento técnico importante, tanto del terreno como del tipo de explotación a crear.

Suelos urbanizables

El resto de suelos que no son ni urbanizables ni urbanos. A diferencia del suelo urbano, este suelo no está acondicionado para la edificación, no tiene aceras, luces, etc. Hay dos tipos de suelo, suelo delimitado y el no delimitado.

Invertir en terrenos de este tipo, puede ser interesante desde un punto de vista especulativo y también desde un punto de vista de nuevas oportunidades.

Desde la perspectiva especulativa puede ser interesante pues, al tratarse de un terreno que está planeado ser urbanizado, al ser urbanizado aumenta de valor. Una razón sencilla es porque tiene más servicios. Además, de la demana existente por las personas por urbanizar ese terreno. Estas dos causas ya incrementarían su valor.

Por otra parte, si se conocen los planes urbanísticos de la zona, y se analiza cuál es la situación de la zona, puedeser una buena oportunidad para hacer algún tipo de edificación que satisfaga la demanda futura.

Cómo invertir en divisas

La imagen que acompaña a este capítulo fue publicada bajo licencia creative commons en Flickr por el usuario *Natalia Lobato (natalialobato)*

Para invertir en divisas debes acudir al Forex. El nombre de Forex viene de Foreign Exchange. Se trata de un mercado mundial y descentralizado en el que se negocian el valor de intercambio de las divisas.

El mercado de divisas es el mercado financiero más grande e importante del mundo. Al día se mueven 3 trillones de dólares en operaciones, y mantiene una tendencia alcista. De esta cantidad de operaciones, solo una parte residual, menor al 2% correspone a intercambios por necesidad, el resto son movimientos especulativos.

Con esto, se ve que el mercado de divisas es bastante independiente a las operaciones reales. Por eso invertir en divisas resulta independiente a las variaciones producidas por flujos comerciales. Se trata de un mercado dinámico, en constante variación.

Para invertir en divisas puedes utilizar tres instrumentos. Esos instrumentos pueden ser usados en distintas estrategias de inversión, desde usar un tipo siempre hasta hacer combinaciones de instrumentos para maximizar beneficios. Nuestra intención es explicarlos, aunque acosejamos y que te informes sobre cuál es la mejor estrategia de inversión en divisas combinando estos instrumentos.

Operaciones al contado

También conocido como ForeignExchange Spot Trading, son operaciones de compraventa de divisas en el que el tiempo de espera de entrega de las divisas no supera los dos días.

Operaciones a plazo

Las operaciones a plazo son aquellas en las que se acuerda el precio de la divisa, y el plazo de entrega en el contrato de compraventa. La liquidación debe ser en un plazo superior a los dos días. Invertir en divisas con operaciones a plazo no es lo mismo que invertir en derivados de futuro, pues no cotizan en mercados de futuro.

Hay tres tipos de operaciones a plazo:

Operaciones directas u outright

Se trata del uso de este instrumento de forma común. Se realiza una compraventa de una divisa con fecha futura. Las empresas y otras entidades lo realizan como seguro de cambio en el comercio exterior.

Es un seguro para cubrirse de fluctuaciones en nuestra contra de la cotización de la divisa. Esas fluctuaciones podrían hacer perder bastante dinero si las cantidades invertidas son grandes. Suponiendo un caso de comercio exterior, una empresa que vende una cantidad en una moneda de un país poco estable, y quiere asegurar el valor en euros, la mejor opción es hacer una operación directa.

Operaciones swaps

Se trata de combinar una operación de comprar/vender de divisas a plazo y posteriormente realizar una venta/compra al contado. Es utilizado por entidades financieras para la colocación de déficit o superávit de tesorería.

Se busca obtener un rendimiento a los excedentes. Se trata de invertir en divisas, buscando beneficiarse de las variaciones de precio a un término, y la recuperación de éste en la divisa original.

Operaciones forward-forward

Se trata de hacer de realizar dos operaciones de compraventa de divisas simultáneamente, pero colocándolas a plazos distintos.

Derivados

Hay una serie de instrumentos financieros que permiten invertir en divisas apalancando y sin necesidad de tratar con las divisas reales. Como la inversión en derivados puede ser aplicable a casi cualquier activo, se explicaran con más detalle.

Para nombrar, algunos de los instrumentos derivados aplicables a las divisas son contratos de futuros, opciones de compra, warrants, cfds, entre otros.

Estos contratos, al ser apalancados por lo general, suelen ser considerados como una inversión de mayor riesgo. Es por eso que siempre se aconseja tener dominio de los distintos tipos de análisis de valores.

Cómo invertir en internet

La imagen que acompaña a este capítulo fue publicada bajo licencia creative commons en Flickr por el usuario *doccrowley (doncrowley)*

Para **invertir en internet**, primero hay que entender qué es internet. No hablaremos de hacer una inversión en un activo concreto, pues internet no es un activo es un medio.

Internet es un medio global de intercambio de información. Al ser global y descentralizado, nos ofrece una vasta gama de oportunidades para realizar inversiones de forma optimizada. Hablar de optimizar una inversión es referirse a obtener el máximo de rendimiento.

La característica principal de **invertir en internet** es la facilidad que tiene el inversor para acceder a cualquier tipo de activos. Se puede acceder a una gran variedad de activos con un ordenador y una conexión a internet. Esto hace que la barrera de entrada sea menor.

Por contra, la facilidad de acceso a cualquier activo puede ser contraproducente. Se puede tener acceso a activos complejos o de riesgo alto, y por ello es importante hacer un esfuerzo de investigación previa antes de invertir. Internet ofrece una vasta cantidad de información de cualquier tema, por lo que se puede encontrar.

Además, otra de las desventajas está en la seguridad de los servicios en el que operemos los activos. Hay diversas técnicas que permiten a personas con malas intenciones obtener datos sensibles, por eso es importante operar con plataformas de confianza. Un ejemplo es el uso de páginas similares a un banco por ejemplo, para que el usuario piense que está accediendo a su banco usando sus datos. En realidad el usuario está dando sus datos a personas ajenas al banco.

Sin embargo, no todos son inconvenientes. Una bondad importante de **invertir en internet** es que es muy fácil obtener métricas de nuestras inversiones. Ya sea mediante la creación de una empresa, una inversión en bolsa, etc. Al estar toda la información digitalizada, hay multitud de herramientas que nos permiten analizar esa información. Analizar la información aporta más visibilidad sobre lo que ocurre con nuestras inversiones y nos permite actuar de forma más eficaz.

Después de identificar las características más relevantes de internet desde una visión más inversora, vamos a nombrar alternativas para invertir en internet.

Inversiones mediante instrumentos financieros en internet

Como se ha comentado antes, internet es un medio de comunicación. De forma que **invertir en internet** mediante instrumentos financieros no es más que realizar las mismas operaciones pero a través de una plataforma online.

Hay muchos bancos y brokers que permiten hacer esto. Y la variedad de productos son muy diversos. Se puede invertir en acciones, divisas, bitcoins, bonos, fondos de inversión, warrants, CFDs y otros.

El riesgo varia dependiendo de cada activo, como explicamos en diferentes capítulos. Sin embargo, es importante que antes de realizar ninguna operativa en internet, estemos seguro que la plataforma a usar es segura y es la plataforma que deseamos usar, no una copia.

Invertir en publicidad en internet

Si tienes una empresa o buscas clientes, una buena forma de usar internet es para obtener nuevos clientes. Debido a las características de internet y a que todos los datos están digitalizados, las campañas publicitarias en internet tienen unas ventajas muy claras.

Por una parte, dado a la gran variedad de plataformas de publicidad y a la facilidad de acceso de estas, publicitarse en internet es barato. Por otra parte, dado que los datos están digitalizados, permite segmentar muy bien a quién va dirigidas las campañas publicitarias. Y por tercera opción, resulta muy sencillo lanzar campañas publicitarias en varios países, idiomas, etc.

Por contra, en internet, la mayoría de anuncios funcionan mediante el sistema de banners. El problema, es que los usuarios por un lado son bastante inmunes a éstos, y por otro lado, cuesta que conversionen.

Algunas de las plataformas más recomendables son:

- Google adwords
- Facebook ads
- LinkedIn DirectAds
- Kontera
- StumbleUpon Paid Discovery.

Otras formas de publicitarse en internet es mediante la inversión en **SEO** y en **Social Media**. **Invertir en SEO** significa invertir recursos para que el contenido y la estructura de éste, de una página web, sea amigable para los buscadores.

Social Media se trata de crear una imagen de la marca en las redes sociales, interactuando con los distintos usuarios, para conseguir un efecto viralizador.

Crear un negocio online

Crear un negocio online es, básicamente, crear una plataforma online que te permita obtener ingresos. Esta es otra forma interesante de **invertir en internet**.

Los costes que suponen son el coste de desarrollo y el coste de servidores inicialmente, por lo que si consigues una plataforma desarrollada o si eres desarrollador o tienes un socio desarrollador, solo requiere de tiempo y de algo de dinero para los servidores. Los servidores, no suelen tener costes superiores a 100 euros al año.

En internet hay básicamente tres tipos de modelos de negocio. Éstos se pueden combinar entre ellos, dependiendo de la plataforma que crees:

- **Ingresos por publicidad:** Se trata de poner anuncios en tu plataforma online y cobrar por ellos. Algunos, como Adsense, pagan por click al anuncio, otros pagan por cada mil veces que se muestra el anuncio.

- **Ingresos por ventas:** Se pueden realizar ventas directamente desde la plataforma, son los conocidos como ecommerces. Otra forma de vender es mediante programas de afiliados. Los programas de afiliados son un sistema en el que un usuario hace una compra en un ecommerce, mediante un enlace tuyo a ese ecommerce.

- **Ingresos por suscripción:** Este modelo va orientado a plataformas que ofrecen un servicio. Es un pago cada cierto periodo de tiempo de una cuota. El modelo más extendido es el freemium. El modelo freemium se basa en ofrecerte unos servicios mínimos gratis, y para los servicios más relevantes debes pagar una suscripción.

Cómo invertir en CETES

La imagen que acompaña a este capítulo fue publicada bajo licencia creative commons en Flickr por el usuario .::Vicho::. (vicho_ck)

Antes de explicar cómo invertir en CETES, veamos qué son los CETES. Los CETES son Certificados de Tesorería Emitidos por el gobierno federal de Mexico. Son instrumentos de deuda bursátil, algo parecido a un Bono de deuda, pero emitido más frecuentemente y con unas condiciones ajustadas a las necesidades de México. Este tipo de certificados se comenzó a emitir en 1978.

Estos instrumentos fueron creados y son emitidos por el gobierno Mexicano para financiarse. Esa financiación es usada para pagar deuda externa o para realizar nuevas inversiones. Las emisiones de CETES suelen ser a varios plazos: 28 días, 91 días, seis meses y un año.

La inversión mínima es de 100 pesos, y el valor suele rondar los 10 pesos por CETE, ya que éste es su valor nominal, y suele emitirse por debajo del valor nominal.

Requisitos

Para poder invertir en CETES debes cumplir una serie de requisitos.

- Debes vivir en Mexico.

- Se mayor de 18 años.

- Ser titular de una cuenta bancaria.

- Poseer la Clave Bancaria Estandarizada (CLABE). Es una norma para la regularización de numeración de cuentas bancarias.

- Tener el Registro Federal de Contribuyentes (RFC)

- Clave única de Población e Identificación (CURP). Es una clave única que identifica tanto a residentes como a ciudadanos Mexicanos.

- Si quieres gestionar tus CETEs por internet, deberás contar con una Firma Electrónica Avanzada (FIEL) que emite la secretaría de Hacienda y Crédito Público mediante el sistema de Administración Tributaria.

Ventajas

Las principales ventajas de invertir en CETES son que tienes varias opciones de plazos para invertir, como se ha visto más arriba. No obstante, el plazo suele ser a medio como máximo (un año). Pero esta variedad de plazos te permite flexibilidad a la hora de invertir.

Además, el riesgo de invertir en CETES es relativamente bajo. Teniendo en cuenta que es un bono emitido por el gobierno, y que el país lleva varios años con una salud que va mejorando, significa que el riesgo de inversión es bajo.

Los CETES pueden ser vendidos, por lo que se puede disponer de parte del dinero invertido antes del vencimiento del contrato.

No se cobran comisiones por la administración de los recursos, esto hace que el margen de beneficios crezca.

Desventajas

Mientras tengas el dinero invertido en un CETE no podrás disponer de éste a no ser que vendas tus CETES.

La subasta de estos contratos solo se realiza los martes, por lo que hace la compraventa menos flexible.

Pasos para invertir en CETES

Hay dos formas de invertir en CETES, una es a través de una sucursal bancaría y la otra es mediante operaciones a través de internet.

Hay dos bancos principalmente, que ofrecen el servicio de compra de CETES. Son el BANSEFI y el BANJÉRCITO. Es tan fácil como abrirse una cuenta, que es gratuito, y en la misma sucursal dar la orden de compra.

Online

Hay diferentes plataformas online que te permiten gestionar la compra de CETES. El que nos parece más adecuado es Cetesdirectos. Para poder operar desde este sistema, tendrás que tener una cuenta bancaria y asociarla con tu cuenta de Cetesdirectos.

Para poder realizar la inversión deberás cumplir con los requisitos indicados más arriba.

www.ingramcontent.com/pod-product-compliance
Lightning Source LLC
Chambersburg PA
CBHW051818170526
45167CB00005B/2063